生き方の演習

―若者たちへ―

塩野七生

生き方の演習——若者たちへ——

はじめに

十二年も昔に話したことを、今また本にしたいという申し出を受け、読み返してみて愕然としています。十年以上前に話したことが今でも通用するということがわかって、驚いちゃったというわけ。

なぜでしょう。私に予言者的な才能がない以上、この十何年もの間、日本は停滞していたとしか言いようがありません。

あのとき私は、高校生から大学初年頃の若者たちに話しかけたのでした。彼らは今、三十歳前後になっているはずです。それなのに、もしかしたらあの頃と同じ悩みをかかえているかも。なぜならその間、日本はずっと一箇所を迷走していたのですから。

十年以上も昔に話し書いたことが、その後も良く聴かれ読まれるのは、物書きとしては嬉しいことです。でも、日本人としてならば、嬉しいことではまったくありません。

あのときに私の話を聴いた高校生が、三十にして立つ、の今になって、もう塩野さんは話さなくていいですよ、ボクたちでやっていけますから、と言ってくれたとしたら、ずっと嬉しいと思う。

しかし、まだ立っていない若者や、もう立った若者でも、ときには自分たちとちがう人の話に、片耳ぐらいは貸すことも悪くないかもしれません。そう思って、もし良かったら、もう一度手にとってみてください。私も、無駄に年を重ねてはこなかったことぐらいは、自信がありますから。

二〇一〇年 夏

南イタリアで、
眼前に広がる地中海を眺めながら。

塩野 七生

目次

目次

生き方の演習――若者たちへ――

装幀　安野光雅

これから人生を歩むあなたへ

若いあなた方は、まだレールは敷かれてはいないのではないかと思います。これからレールを敷きはじめようとしているあなた方にとって、どのようなことが大切か、私が思っていること、それをこれからお話ししたいと思います。

まず、一番大切なのは現実はどうであるのかということです。その現実を見極めることだと思います。

みなさんは、テレビや新聞などを見ていればそれで現実がわかると思っているのかもしれません。では、ほんとうにわかるのかというと、ジャーナリストたちが嘘をついているわけではないけれど、それだけではわからないんですね。

イギリスにＢＢＣという放送局がありますが、ここは、動物のドキュメンタリー番組で非常に定評があるところです。

そのＢＢＣが作った動物のドキュメントには、動物同士が殺し合うところまでちゃんと映されているのです。

たとえば、クマの場合、小さな子グマにとっての、一番の強敵は、父親グマかもしれないんです。クマの世界では、子グマを育てるのは母グマなので、父グマは自分の子とわからないんですね。

ライオンも、子どもたちにとっての一番の敵は父親（群れのボス）なんです。ライオンは群れの中に大人のオスがいて、それが他のオスと交代する時があります。交代というのは世代交代と言いましょうか、つまり強者がとって代わるわけですね。その時に、先代のボスの子の子どもライオンが殺されることが多いのです。

そういう場面も、ＢＢＣのドキュメントではきちんと映されます。なぜなら、それが動物の世界の現実だからです。

ところが、それとまったく同じドキュメンタリー番組が日本の放送局で放映されると、そういう場面がカットされてしまうんですね。

なぜそんなことをするのかと言いますと、つまり、日本人にとっての動物というのはかわいいもので、その動物同士が――しかも同種の動物の間でも殺し合うというような場面を見せてはいけないというか、避けたほうが無難だということです。日本のマスメディアでは、とかくそういうことがなされていると思います。

プロとアマチュアの違いがわかっていない日本人

もうひとつ、例をあげると、サッカーのワールドカップです。

私はもう何十年もイタリアに住んでおりますから、スポーツニュースを見ているだけで、いくら何でもサッカーのことはだいたいわかってしまいます。

1998年のワールドカップの試合を、私は日本で見ました。日本のチームの最初の対戦相手はアルゼンチンでした。このアルゼンチンとの試合は、これはもう5対0で負けるんじゃないかと、私は冷や冷やしていたんです。というのは、アルゼンチンのエースのバティステュータという選手は、イタリアで試合をしているからです。各国の主力選手の多くはイタリアのセリエAで試合をしているものですから、何となく私には見当がつくんです。ですから実際には1対0の負けで「やれやれ」と思ったくらいです。

しかし、あの試合は、みなさんもご覧になっておわかりでしょうけれど、はじめの一〇分間を除いて、もう完全に高校野球とプロ野球の違いでしたね。二戦目のクロアチアも、非常にすごい選手がいるのですが、怪我の手術のために出場しないことになっていました。それに、日本との試合にはもう一人、ボバンという、これもイタリアで試合しているすごい選手なんですが、それが出ていません。

それで、これはひょっとしたらひょっとするかもしれないなんて思われたようですが、私の予想では、だいたい3対1ぐらいで負けるのではないかなと思っていたんです。

実際はクロアチアにも1対0で負けたのですけれど、ただ、私は実力ではだいたい3対1ぐらいの差はあるだろうと思っていました。

そして、最後のジャマイカ戦では、これはもしかしたら勝てるんじゃないかと私も思っておりました。でも、2対1で負けました。

その期間中、日本中がサッカー、サッカーでたいへんでしたね。その時、私は、日本人はワールドカップというのをオリンピックの延長のように考えているのではないかと思ったのです。

どういうことかというと、オリンピックというのは素人の競技会なんです。ですから、開会式も華やかに行なわれます。参加選手がアマチュアということになっているからこそ、開会式がとても重要なんですね。

けれど、ワールドカップというのはプロが技を競う競技会なんです。ですから、開会式などというものはあまり派手になされません。それはプロが、まったくプロだけが競うものだからです。

ですから、ワールドカップに行くということは勝たなきゃいけないということなんですね。私はサッカーをやるからには勝たなきゃならないなどとはちっとも思いませんし、学校同士の競技などでサッカーを楽しむことは許されると思いますが、でも、ワールドカップに対する日本の考え方は少なくともはじめのうちはちょっと甘かったのではないか、と思うんです。

もちろん、勝負なので、負けることはしようがないですね。勝つ人がいれば負ける人がいるわけですから。でも、ワールドカップについては、日本の考え方がはじめから甘かったと思います。

現実を知るにはどうしたらいいのか

それで、あのワールドカップをマスメディアはどのように報道したかということなんです。

それを見るためにひとつの例として、朝日新聞をもって来ました。

実は、あのワールドカップの最初の試合を、夜、テレビで観戦しながら、翌日の日本のマスメディアはどう報道するのだろうかと、ちょっと興味をもっていたんです。

ご覧になった方も多いと思いますけれど、朝日新聞(一九九八年六月二十七日付〈第三戦の翌日の朝刊〉)の第一面はこうなっていました。

大きく写真が載せられていますが、この写真だけを見ると、日本が負けたという印象がほとんど伝わってきません。

傑作なのは、見出しの「『人間岡田』信念貫いた二六六日」です。

これはまさに、高校野球的ノリですね。私はサッカーの専門家ではありませんから、岡田監督の技量がどうのこうのということを言っているのではありません。ただ、プロの大会にプロのチームを率いていって、負けたのは岡田監督なんですね。そのことに対して、信念貫いて何とかなどと言っている。これは、まさに、高校野球の監督にこそあてはまる表現ではないか、と言いたいわけです。

ところが、やはり朝日新聞というのは懐が深いですから、ページを開いて中面を見ると、こういうふうに、ちょっとほんとうのことが書いてあるんです。

「組織力のみでは限界」と書いてあるんですね。これは、まったくその通りです。そして、同じ日の夕刊になって、はじめて、日本チームの現実というものがあらわれるのです。

ここに、外国人の発言が出ているんですね。リトバルスキーとリネカーという、きっと日本に縁がある人なのでしょうね。たぶん、リネカーは日本でサッカーをしていたのだと思いますが、その人たちに批評を求めています。つまり、ほんとうのことを言わせるのは外国人にまかせているんですね。これが日本のマスコミの、ある種の常套手段です。

それで、翌日の朝刊になると、やはり朝日はなかなか良心的というか、このようにほんとうのことをはじめて書いています。

つまり、「まず充分な検証から」というわけです。要するに、負けたわれわれ日本のサッカーチームにとって必要なのは、まず充分な検証なんですね。このように、サッカーひとつにしても、最初の一ページを見ただけではまったくほんとうのところがわからないんです。これは、朝日新聞だけでなく、他の新聞も、テレビも、すべてまったく同じですね。

このことをわかって欲しいんです。

これは、サッカーのことだけでなく、外国のことについても同じです。私は外国から帰って来るたびに、日本のテレビに外国関係のニュースが非常に少ないのに驚きます。

それでも、この頃はBBCワールドもあれば、CNNも放映されているようですので、適当にわかるようにはなっています。少なくとも、そういうものをみなさんもなるべく見るようにおすすめします。

何よりもまず、はっきりとした現実を見極めるということです。それには、大人の言っている、つまりマスメディアの言うことを信じるなということではないんです。結局、ニュースを提供しているのは彼らなので、まったく信じないわけにはいきませんからね。

そうではなく、クールな目配りが必要だ、ということです。言われたことをそのまま、丸ごと信じていたのでは、あなた方には現実がわからないことになる危険大というわけです。

ですから、目配りをして、まず、現実を正確に知ること、これが重要だと言いたいのです。

外国語は道具として勉強するほうがよい

そして、正確に「伝える」ということも大切なことです。ヨーロッパには、ルネサンス時代に興った「シェンツァ」という考え方があります。これは英語でいうサイエンスと同じです。

このサイエンスとはどういうことかというと、まず観察し、そして、それを自分の頭で考え、そして他者に伝えることなんです。他者に伝えるというところまでしないとサイエンスにはならない。

最初の「観察する」のはどうするのがいいかといいますと、もろもろに目を配って、すぐにひとつの考えだけで突っ走らないようにすることです。

次の「考える」とは、あなた方が自分でなさることです。

では、もうひとつの、その考えたものを「伝える」時には、どのような具体的な方法が適切なのでしょうか。

よく、日本の政治家には言葉がないと言いますけれど、日本では政治家にかぎらず、誰にも言葉はないんです。日本では、おしゃべりだということはあまり認められないんですね。

ところが、おしゃべりというのは、ただそれだけではいけないんです。おしゃべりする人が大勢いる社会では沈黙は金かもしれません。でも、誰も話さないという社会では、沈黙は金どころか何にもならないわけです。

しかし、ただやたらにしゃべればいいというものではありません。やはり、まず人にきちんと意味が伝わるように話す必要があります。

話すには言葉を用いますが、友だちの間にはいろいろと仲間たちの言葉があるでしょうし、それぞれにそれぞれの伝達方法があっていいと思います。けれど、第三者に伝える時には、やはりきちんとした日本語を使って、きちんと論理的に話を進めていくことが必要です。日本語は私たちの母国語ですね。これを正しく使えなければいけません。

なぜかと言いますと、これはよく息子に言ったことなのですが、どんなに外国語を勉強しても、その水準が母国語の程度から上にはいかないんです。だから母国語をきちんと身につけておかなければいけない。

外国語というのはひとつの道具みたいなものなんですね。コンピュータ用語が英語になったからといって、アメリカが支配するなんて、そんなことを考える必要はないんです。いくらコンピュータに英語が使われても、それは私たちにとってはやはり外国語でして、要するに道具なんです。

ただ、その道具を使ってベラベラとしゃべればいいのかというと、そうではありません。私など外国人の中に住んでいますから、それがよくわかります。

日本人には英語にかぎらず、外国語に巧みな人がいます。その反対に、あまり巧みでない人も多い。

見ていますと、外国人が耳を傾けるのは、ペラペラとその国の言葉を巧みにしゃべる人ではなくて、ポツポツとでもいいけれど、何か伝えることがある人のほうなんです。

つまり、語学の巧みさではなく、伝える内容のほうが重要なんです。言葉は伝えたいことを伝えるための道具に過ぎないのだ、ということですね。そういうことが、外国人の中に住んで見ていると、よくわかるんですね。

だから、外国語は道具だと思って勉強したほうがいいと思います。英語だって、アメリカ人やイギリス人のように話せるようになる必要なんて、最重要なことではないんです。

母国語がきちんと話せることが大切

外国語を学ぶということで、息子が十三歳の時でしたが、彼をはじめてイギリスに連れて行ったことがあります。

というのは、イタリアの高等学校では、英語なんて他で学んでくれと言うからです。あの国では、そういう実用的なものは各自が学校の外で学ぶべきことであるということになっています。哲学とか美術とかは勉強するんですけれど。

しようがなくて、外に勉強に行かせることにしたわけです。五年ほど続けましたでしょうか、十三歳の頃から毎年、夏休みになると息子をイギリスに行かせました。

それで、最初に行った時です、まあ最初ぐらいはというので私が連れて行ったのですが、その時、フーリガンの一隊と出会ってしまったんです。フーリガンというのは、お酒を飲んで酔っぱらって騒ぐ、サッカーのファンたちのことですよね。彼らはもちろん英国人です。だから、英語をちゃんと話します。しかし、その時、私は息子に「あの人たちと同じような英語を話す必要はないのよ」って言ってやったんです。

といっても、そのフーリガンたちの英語がブロークンだからいけないということではありません。話す中身のことを私は言ったわけです。

話すものがきちんとある人は、不充分なイングリッシュで話しても、英国人はちゃんと聞きます。

とはいえ外国語はできるにこしたことはないんですから、その習得にとっての問題点は、やはり母国語の能力なんですね。ですから、私は、日本ではもう絶対に、国語というものをきちんと教育しなきゃいけないと言いたいんです。なぜなら、頭の中で考えるのも、言葉にして考えているのですから。

国際化というのは、もうそこまで来ている。どんなに外国語が話せても、母国語がまずきちんと話せることが重要なんです。そして、伝えるものがきちんとある人ですね。そういう時にはじめて他者と通じ合えるんです。

ただ単に英語を覚えたからといって、伝達能力ができたなどとお思いにならないでください。

国や年齢を越えて理解し合う最良の方法とは?

それと、論理的に話すということが必要ですね。

どういうことかというと、たとえば、イタリアの学校では国語というのは作文なんです。そればかりか、すべての学問、学科は、数学を除けば口頭試問で行なわれる。それからギリシア語とラテン語の翻訳というのもあります。大学で専門科目を学ぶ前にその準備としての教養科目を教える普通高校はそういう教育をしていて、息子の通っていたリセもそうでした。

それで、まず、作文をどう書くのか、ということを彼にアドバイスしました。その時、私は「起承転結」ということを教えたんです。私は息子の学校の勉強には一切関与しませんが、こういうことは私が教えられることですから。

たとえば、学校で先生が質問してきます。すると、生徒は、自分が知っているのだということを先生に示さなければなりません。その時、先生はしばしば、生徒が言った最初の言葉を聞いただけで、「この子はわかっていないな」と判断してしまう危険性があるわけです。

でも、「起承転結」を教えておきますと、それが防げます。

つまり、「起」のところで、「私は何を話す」ということをはっきりと言うようにするんです。そうすると、先生が聞いてくれるようになります。

次の「承」のところでは、「これから話すのは、何と何と何である」と言います。そして「転」のところで、「承」であげたことについてひとつひとつ話を展開していって、最後の「結」で結論を言うわけです。

この「起承転結」というのは日本でしか言われていないことみたいですが、

これはインターナショナルになりうるものだと私は確信しております。イタリアでも、これは作文や口頭試問に充分に通じると思ったので、息子に助言したのです。

少年の頃の息子は内気だったので、その頃の口頭試問があまりよくできなかったんです。それで、私は彼に、「あなたは、答えている相手が全部わかっていると思い込んでいるから言葉が足りなくなる」と言ったんです。「そうではなく、何も知らない人に向かって言うように説明してみなさい」と——。

それを救うのが論理性なんですね。「起承転結」というのは、ある意味では、書いたり、口で言ったりと、他者に伝える上での論理性だと思います。だから、論理学というのは、何も古代のギリシアやローマにだけあったわけではなく、われわれの時代でも充分に通ずる。だからそれを活用したらいいと思うんです。

あなた方は、もうこれからは外国人とのつきあいが普通になっていくでしょうし、外国人にかぎらず、あなた方とあまり共通項をもっていない大人とのつきあいもしていくことになります。

しかし、もしもそれができずに自分の中にこもってしまったら、それはあなた方にとって得でもないし、人生がつまらないものになってしまいます。さっきお話しした、サイエンスの要素の最後の部分、つまり他者に伝えることを欠いてしまうわけですからね。

やはり、きちんと伝えることができなければならない。それも外国人だけにかぎらず、あなた方にとっては、もしかしたら外国人以上に外国人かもしれない大人にも伝えなければならないわけです。

そういう場合に役に立つのが、きちんとした話し方、つまり、「起承転結」のような論理的な話し方なんです。これは国や民族などを越えたものですから、あなた方と年齢が違う人たちとも通じ合えるひとつの有効な方法になるものと思います。

選択肢を多くもてない日本人！

もうひとつ、外国人と比べると、日本人には決定的とも言えるような大きな欠点があります。それはあなた方の欠点ではありません。あなた方はそうならないで欲しいと願っていますけれど、これは日本の為政者にはよく見られる欠点です。

つまり、どうも私には、日本人は選択肢をひとつしかもたないというところが目について仕方がないんです。

たとえば、ペルーの日本大使館で起きた人質事件です。あの時、日本側は平和的解決という選択肢ひとつだけで突っ走ったわけです。と言っても、私は平和的解決を望むのがいけないというのではなく、そのことしか選択しなかったことがいけないと思うんです。

ものごとを決断するには、どんな場合でも、いくつかの選択肢があるはずです。それらの中からひとつの方向を決めるには、情報というものが非常に重要になってきます。

しかし、情報というのは、ただ黙って立っていればやってきてくれるものではないんです。磁石の棒みたいなものが必要なんですね。

磁石の棒みたいなものを立てると、それに関連した情報がくっついてきます。そういうのが情報なんです。情報というのは、ただ単にバッと押し寄せてきて、そのままバッと消え去るだけのものです。だから、それを集めるためには、何本かの磁石の柱みたいなものを自分で作らなければなりません。

それで、話をサッカーの試合に戻しますと、日本ははじめての出場ですから、「よくやった」「残念だった」という気持ちがあって、それは当然なんです。だけど、その一本の磁石の棒だけではいけないんですね。

同時に、その脇に、「しかし、ワールドカップというのはもともとどういうものか」という磁石の棒を立てる必要があります。

さらにもう一本、「日本チームのこれからのためにはどのようなことが必要か」という磁石の棒を立てることも必要でしょう。

そうすると、それぞれの磁石の棒に、それぞれ関連した情報がくっついてくるわけです。最初の棒には、さっきの朝日新聞の第一ページにあったような、「ああ残念」とか「岡田監督もよくやった」というような情報が入ってくる。

二本目の棒には、「ワールドカップとはどういうものなのか」「その実態はどういうものであるか」とか、「日本は高校野球的な試合をやっていた」というような、つまり辛口の情報が入ってくる。三本目には「これからどうするか」という問題に関する情報が入ってきます。

このように、サッカーだけでも、三本の磁石をもっていれば三つの異なった性質の情報が入ってくるわけです。

そういういろいろな情報は、何かひとつだけのことしか頭にない人には通り過ぎてしまいます。それを通り過ぎさせないようにする。多くの情報をただ単に集めるのではなくて、項目別に整理するというか、固めておくわけです。こうしてはじめて、選択肢がいくつかもてるようになるのです。

多くの人間は、見たいと欲する現実しか見ていない

では、ペルーの大使館の時はどうだったのでしょうか。

まず言えるのは、あの事件は大使館という日本領内で起こっているということです。だから、事件が発生したことを知った時にはもろもろの選択肢があったはずです。ところが、日本はそれらの情報を取るよりも、まず先に選択肢をひとつに絞ってしまったんですね。つまり平和的解決です。

磁石の棒を平和的解決というたった一本だけしか立てなかった。そうすると、すべてそれに関係することしか入って来なくなるんです。

実際には、あそこでは人質になって数日後に、すでに盗聴設備が備えられていて、内部の様子が相当の正確さでわかっていたんですね。日本はわざわざリマに対策本部を作ったのに、その誰もがそういう情報があるのではないかとか、ペルー側の情報収集はどういうことになっているのかに気づかなかった。というよりも、関心をもたなかった。磁石の棒が一本だけだと、他のことに関心が向かなくなるんです。そして、結局、平和的解決一本でずっと

いったわけです。

古代ローマの人ユリウス・カエサルはこんなことを言っています。「人間ならば、誰にでも、現実のすべてが見えるわけではない。多くの人は、見たいと欲する現実しか見ていない」。この一文をよく考えてみてください。

今、日本は、金融破壊や不況などという相当な混乱に陥っているわけですけれど、これも大人たちが――私もふくめてと言うしかありませんけれど――いつもいつも選択肢をひとつしかもたなかったからではないかと思うんです。

ひとつの棒にはそれぞれに関するひとつの情報しか集まって来ないんです。それ以外の情報は、みんな脇を通り過ぎていってしまう。そんなことも、今の日本をなかなか苦境から脱出できなくさせているのではないか、と思います。

情報の洪水だとか言いますが、それは逆にこの磁石の棒を立てない人の言うことなんです。ですから、みなさんは、それぞれ違うやり方だとは思いますが、まず、視点の違う棒を複数立てる必要があると思います。

私の仕事では、それがとても大切なんです。私は歴史、いわば歴史ドキュメントを書いているわけですが、書く時には当然、たくさんの資料に目を通します。

それで、自分が最初にこう思うとか、こう書こうというように考えを決めてたりすると、その考えを実証するのに役立つような史実しか目に入って来なくなってしまうんです。

ですから、私の場合、最初はまったくの白紙ではじめます。今度書いた巻の最後は皇帝ネロの話でしたけれど、ネロは暴君と言われています。

しかし、私の場合には、十七歳で皇帝の位に就いた男はどんなことを考えるだろうかっていう、そういうところからはじまりますから、暴君ネロというこれまでの評価は全部捨ててからはじめます。

そうやって初心に戻り、これから書こうとしている人物に立ち向かうわけです。そうすると、何やら定説とは違うものが見えてくるようになります。

史料というのはすでにあるわけで、私でも、オックスフォード大学の世界的な権威でも、読むものは同じなんですね。だから、私がどこに特色を出せ

るのかと言えば、誰でも読める史料というものを自分はどう解釈するかって
いうところなんです。そこにしかないわけです。
そういう時に、白紙というか、偏見なく史実に対するというやり方はやは
り役に立ちましたし、これからもそのやり方でいこうと思っています。

わが子を世界のどこでも生きていける人間にする

ここで、私が自分の息子をどう育てようとしたのかということを、話した
いと思います。
私の息子はイタリア人とのハーフですが、イタリア人として育てました。し
かし、彼が生まれた頃のイタリアという国は、これはもういろいろな問題の
多い国です。それで、イタリアに住むしかできないような人間にしてはいけ
ないなと思いました。私は、彼を世界のどこででも生きていける男に育てよ
うと思ったんです。
そのために行なったことは、基本的には二つのことでした。

ひとつは外国語の知識です。彼の場合、学校でギリシア語とラテン語を学んでいるので、西洋の言葉の語源をやっていることになるわけです。だから、発音が違っても、フランス語でも英語でもスペイン語でも、意味がわかるのが早いという特典があるんです。

それで、まず、寝かしつける時に、「おやすみ、ボナノッテ、グッドナイト」と、日本語とイタリア語と英語で言うようにしました。つまり「おやすみ」という日本語が、イタリア語や英語と同じ類の言葉に過ぎないのだということを教えようと思ったんです。

それから、彼の母国語であるイタリア語をしっかりと学ばせることにしました。イタリアではリチェオクラシコと言いますが、高校をクラシックなりセにしたのも、そのためなんです。

というのも、そこで一番力を入れている勉強は母国語を修得することだったからです。母国語を完全にすることは、すでにお話しした理由で大切なことだからです。

ですから、彼には、イタリア語とギリシア語とラテン語、それから英語を学ばせました。英語はやっぱり国際語なので、しようがないですね。

それと日本語。私は彼を、毎年一回は日本に連れて来て、日本語に慣れさせるようにしたんです。でも、そのたびに、いわゆる新人類の言葉を最初に覚えてしまって、私が知らないような言葉を使ってましたけれど……。

そしてこれからは、フランス語とスペイン語も学ばせようと考えています。フランス語はちょっと発音が違いますが、スペイン語のほうはイタリア人がイタリア語で話して、スペイン人がスペイン語を話していても通じるぐらい近い言語。イタリア語もフランス語もスペイン語もラテン語を母体としているので、覚えるのも早いでしょう。

こういうふうにして、私が彼に与えようとしたものの第一は語学でした。語学は、さっきも言いましたように「道具」なのだから完璧にやる必要はないんですが、使える「道具」を多くもっているとやはり有利ですからね。

もうひとつは、自分の頭で考えるということを徹底的にさせるようにしたことです。

だから、彼と話す時にはいつも、「あなたはどう考えているの」と言うように心掛けました。

彼が子どもの頃、イタリアでも日本のアニメがたいへんに流行していて、よく二人で見たんです。そのために私は日本のアニメ通になっちゃったぐらいなんです。

一緒にアニメを見たりしながら、いろいろと感想などを話し合ったんです。そういう時、私はなるべく、彼に自分で自分の考えを言わせるようにしたんです。

映画なども、一緒に観に行って、話し合いました。今でもよく一緒に行きます。ただ、何でも、いつも一緒にするということは、私は拒否したんです。「あなたにはあなたの関心があるはずであって、ママにはママの関心があるのだから」と言いましてね。

決して母親と息子が全部一緒に行動する必要はないんです。ただ、ちょっと触れ合う機会があればいいんです。

『グッドウィル・ハンティング』というのは一緒に観ましたが、『タイタニック』は私は観ませんでした。息子はたぶん、ガールフレンドと観に行ったのだろうと思います。もちろん二人とも相互に影響し合うから、その結果観に行った映画の例をあげれば、『フル・モンティ』でしたね。

自分で考えるということは、伝えることをもつことですね。そういう意味で、これもとても大切なことだと思うのです。

疑いをもたない秀才はいらない！

ここで私のことを話しますが、私の出た高等学校は東京都立の日比谷高校です。

今は知りませんが、私がいた頃の日比谷高校には、日本中の秀才が集まっていたんです。私は秀才ではありませんでしたけれど。中にはノーベル賞を受賞した利根川進さんもいました。

それで、そういう秀才たちが今どういうところに就いているのかというと、大企業のたいへんにいいところか、それとも官庁のずっといいところにいる人が非常に多い。そして、最近は不祥事なんかが起きると、しばしば名を連ねています。

そういう中にいて、少女時代の私は成績悪かったものですから、どうして彼らは成績がいいんだろうと考えたんです。それで、彼らがみんな記憶力がいいということは、やはり認めざるを得ませんでした。

でも、記憶力というのは、今やコンピュータなどがあるわけですから、もう絶対に必要な能力だとは言えません。

そして、次にわかったのは、そういう成績のいい人たちは、みんな、先生の話に疑いをもたない人たちだということでした。

疑いをもたないから、先生の言うことがすうっと耳に入ってくるわけでしょう。

ところが、私をはじめとする成績の悪い生徒ときたら、先生が言った一言がぴゅっと頭の中に来ると、その刺激で連想につながって、すっかり他のことを考えてしまうんです。そのため、その後の先生の話は一切頭に入って来ないようになってしまう。

ですから、当時は、疑いをもたないことが秀才になるひとつの要因だ、なんて思っていたくらいです。

しかし、そうではないんですね。やはり疑いをもったほうがいいんです。何にでも疑いをもつということは、後々まで役立つことだなと、今はつくづく思っています。たとえ学校の成績はよくなくても、疑いをもったほうがいいということですね。

孤独だった私の高校時代

はっきり言うと、先生の話に刺激を受けて他のことを連想することは、決して欠点ではないんです。そういう刺激を受けた途端にそれに反応するというのは、好奇心が強いという証拠なんです。この好奇心だけは、やっぱり人並みにあったような気がします。

十六歳の頃、ある本を読んで、それでたちまち私は地中海世界にはまってしまいました。もうその年にはギリシア語とラテン語をはじめました。当時はどこにも教えてくれるところがなかったので、独学ではじめたんです。大学でも、ギリシア語とラテン語を学びたいと思いました。それを教えている先生が東京大学にいらっしゃるので、私は東京大学を受けました。そうしたら、ものの見事に落ちちゃいました。

当時の日比谷高校では、最初の三分の一はそのままストレートに東大へ行き、次の三分の一は一浪して東大に行くという学校だったんです。一浪するぐらいは何でもなかったんですけれど、私の場合は、「どうも一浪しても入れないなあ」と見極めをつけざるを得なかったわけです。

東大でギリシア語を教えているというその先生は、呉茂一という方でした。東大を諦めざるを得なかった私はどうしたかというと、その先生が他にどこの大学で出張講義をしておられるんだろうかと探したんです。そうしたら学習院大学でも教えていらした。で、学習院大学なら入れるだろうと思って受けまして、先生の指導を受けることができたんです。

考えてみれば、私は、十六歳の頃にはまっちゃったことに、今もまだはまったままでいるんですね。それがよかったか、悪かったかは別として。

しかし、ほんとうを言うと、私の高校時代は孤独でした。ギリシア、ローマなんていっても、同級生の誰一人として関心をもつ人がいなかったからです。誰にも理解してもらえなかったんですから。あの当時を思い出すと、高校時代の同期会にはあまり行きたくない気もするのです。

教養を身につけると、いろいろな見方ができる

私は、若いあなた方に必要なのは、やはり何といっても教養だと思います。この教養ということについて、最近、立花隆さんが『文藝春秋』という雑誌に書いていますが、私は彼とはちょっと意見が違うんです。

彼は、「東大法学部の学生は教養がない」と言ったんですね。そうしたら東大法学部の学生たちが、「先生、教養とは何ですか」と問い返したんだそうです。彼はそれに怒って、彼の考える教養というものは何かを『文藝春秋』に書いたんです。

立花隆さんは私の友人でもあり、たいへんに尊敬しておりますが、やはり考えが違う時は違う。

彼は「教養はまず役に立たないものである」と言っていますが、これは、私に言わせると十九世紀的な教養の概念だと思うんです。

十九世紀というのは、ヨーロッパの有産階級ができ上がった時期なんですね。その人たちは有産階級ですから、お金があって、家もあった。働く働かないにかかわらず裕福だったわけです。そういう人たちが、「教養は役に立たないものである。しかし、教養は大切である」っていうことを言っていたわけです。

けれど、私の関心の的である、それよりも以前のヨーロッパへ行きますと、そうではないんです。たとえば、ルネサンス時代には、教養というものは役に立つものだという考えでした。

イタリア語にアルテという言葉があります。これは芸術と訳されることもありますが、アルティザンというと職人のことで、イタリア語でアルティジャーノと言うのですけれど、アルテはそのもとの言葉で、本来は専門の技術という意味です。

おそらく、職人がひとつひとつの専門をもっていたということからきたのでしょう。

ところが、ルネサンス時代は、専門の技術だけではだめだったんです。

当時、フィレンツェでとくに盛んだったのが工房でした。ミケランジェロもそこで修業しているし、レオナルド・ダ・ヴィンチも工房の出身です。だけど、その工房では、ひとつだけを専門にやっていたのではだめなんです。そういう人は助手の助手の助手ぐらいの地位に甘んじるしかなかった。彫刻家であっても、画家などの仕事にも通じていることが要求されたんです。

というのも、彫刻家でも、画家的な視点で人間を見れば、また別の見方ができると考えたわけです。それが、いわゆるルネサンス人なんです。

その典型がレオナルド・ダ・ヴィンチですね。彼は万能の天才と言われていますが、それは、ルネサンスでは、万能というよりもすべてを押さえるというような意味なんです。

つまり、彫刻ではどういうようなやり方をするか、建築家はどんなふうな作り方をするか、彫金家はどんなふうにするかと、そういうことをすべて押さえると、今度は絵を描く時、今までの画家とは違った絵が描けると彼らは考えたんです。

そういうルネサンス時代の教養が、私は教養というものの原点だろうと考えるのです。

つまり、ルネサンス時代の教養というのは、他の人たちの専門分野にも好奇心を働かせるという意味なんです。田舎暮らしを優雅にするためというような、イギリスのジェントルマンの時代の概念とは違うわけです。

教養は、イタリア語ではクルトゥーラと言います。この言葉の語源であるコルティヴァーレという言葉になると「耕す」という意味です。他のことをやっている、そういう人たちの仕事も、自分は知りませんなどとは言わずに、好奇心を働かせて理解する。そうすると、自分の専門技術だけでは達成できなかったことも達成できるかもしれない、ということなんです。

好奇心が新しい文明を生み出す

好奇心を働かせることで他者から受けた刺激をもとにして何か新しいものを創造するという現象は、文明の発祥にしばしばつながります。

ひとつの例が地中海です。なぜあそこで三大宗教のうちの二つまでが生まれ、哲学が生まれ、民主主義政体までふくめたすべての政体が生まれたのか。それは、船で行き来する程度の交通手段しかなかった時代にとって、ちょうどいい大きさだったからだと思うんです。異分子がぶつかり合うのにちょうどよい広さだった。

だから、ギリシアでも、ギリシア文明の最初はアテネからはじまってはいません。現在ではトルコになりますが、小アジアの西岸地帯のイオニア地方というところからはじまりました。

あの一帯には良港がたくさんありまして、オリエントのものとオチデント――オチデントは西洋のことですが――各地方からの物産が集まってきたんです。

そうやって商品が運ばれるということは、人間が運ばれるということでもあります。人と物の往来が激しいということは、別の考え方も入って来るということです。

そういうところには刺激があります。刺激を受けてそれに反応することで、はじめて新しいものが生まれるんです。

新しいものが生まれるというのは、つまり、いろいろな刺激というものを好奇心でフォローして、それを自分の中で耕すことによって成されるからでしょう。

それは、たとえば、饅頭ひとつ作るのでも違ってくるんです。小豆の代わりにクリームを入れてみたらどうだろうかというように。そういう小さいことにまで、何か違う要素が入ってくるんです。

そうして、新しいものが作られていくわけです。この意味でも、好奇心というのは大切なんです。

刺激をいっぱい受ければ独創性が生まれる

この頃の若者の傾向として、ミーイズムということがよく言われます。これは若者の傾向にかぎらないのではないかと思いますが、ミーイズムとは自分が大切だということです。そのためにはまず、「自分」が何かがわからなくては困ります。

しかし、私は、自分なんていつまでたってもわからないものだと思います。ですから、自分が何なのだろうかなどと考え過ぎると、結局はそこから一歩も進めなくなってしまう。

そんな時に、誰か非常にカリスマ性をもった人物に「あなたはこれだ」と言われたりすると、パッとそっちへ行ってしまうんですね。

あのオウム真理教がそうです。理科系の秀才たちが多数加わっていて、それがショックだったと言われますけれど、私は少しもショックを感じませんでした。当然じゃないかと思いました。

何しろ、理科系の人は、建築も、医学もそうなんですけれど、専門性が非常に強い分野ですから、それだけでずっと突き進んで行っちゃうような人がとても多いんですね。

そういう人たちは、別の分野から刺激を受ける機会が少ない。ましてや、それを耕す時間的な余裕もありません。

そういう、他の刺激を得られにくい人たちが、自分は何かと考えても、容易には納得できる考えには達せないんですね。

他からの刺激がないというのは、無菌状態と同じことです。免疫性のない状態が続いているのと同じことなんです。だから、そこへ菌が入って来ると、途端にやられちゃうのです。

つまり、刺激というものは毒でもあるんですね。要するに菌なんです。毒だからこそ、有害にならない程度に始終受け入れているほうが、免疫ができていいのではないかと私は思っています。刺激を受けるたびに、自分を軌道修正していくことでもあるのですから。

息子が十歳の頃でしたか、黒澤明監督の撮影現場に連れて行ったことがあるんです。すると、そこでもう彼はショックを受けてしまいまして、それ以来、「映画監督になりたい」と言ってます。

そんな時、彼に言うんです。「たとえモーツァルトであろうとも、絶対の独創性などというものはないのだ」と。これはモーツァルトや音楽にかぎらず、映画でも、絵画でも、あらゆることに言えます。

他からの刺激を受けて、それを彼なりに創った結果が独創性の高い作品なのであって、何もないところからは生まれないのだ、ということです。だから、多くのことに好奇心をもつのは自分を豊かにすることになるだけでなく、独創の出発点でもあると思ってください。

ところが、自分の気の合う人たちだけとか、自分が好きなことだけしかしないとか、そういうことを言う人がいますね。

こんなことは、あなた方の若さで言わないでください。

そういうことが言える、言ってもいい年齢というのは、まあ、七十歳以上です。七十までの蓄積がありますから、それで適当に楽しむことができますからね。

でも、十五歳とか二十歳で「いえ、ぼくはもうこれしか関心がありません」などと言うのは、無刺激、無菌の状態を作ってしまうことになります。蓄積のない、何もない状態のままで行こうというわけですからね。そんなふうに行くと、ちょっと強力な菌が来た時に、まったく抵抗力なくやられてしまいます。

だいいち、そんな生き方、そんな人生は面白くないですよ。

時々は傷ついたほうが大きく成長する

では、刺激に免疫をつける生き方とはどういうものかと言うと、やっぱり、いろいろなことをやってみることだと思います。

自分に合わないこともたくさんあるし、傷つくこともたくさんあります。でも、傷つかないままで行くと、一度傷つくとたいへんな騒ぎになります。だから、時々は傷ついたほうがいいんです。抵抗力を養うためにも。

そのためには、自分を開放するほうがいいと思います。

それは、読者の方々を見ていて感じることでもあるのです。私にも大人に比べれば数は少ないけれど若い読者がいまして、中にはわざわざローマに訪ねて来られる人もいるんです。その人たちを見ていると、「あっ、この人は上に行ったら伸びそうだな」とか「だめだな」というのがわかるんです。二十歳ぐらいではまだわかりませんけれど、二十代の後半になるとわかります。

どういうことかと言うと、これには二つの特徴のようなものがあるんです。

まず、好奇心が強いかどうかということです。好奇心というのは、言い換えれば、自分の殻を被って他を拒絶するのではなく、自分を開放していくことです。そういう開放的な人って、これから伸びていく可能性があると思います。

それと、もうひとつは、大胆であるということです。大胆なこととはあまり恐れないこと、傷を恐れないということです。若い人にしか許されない特権ですから、やっぱり若い人はこれを活用なさるのがいいと思います。

今、日本の中高年は、大胆になれと言われているのに一向になれなくて、あたふたしています。

これは若い時から訓練を積んでいないからなんです。そういう人たちが、そのまま何ごともなく戦後五十年をやってきて、それが今、突然、自分たちで決めなくてはいけないという事態にぶつかったんです。しかし、情報の集め方も知らなければ、選択肢はひとつに絞ることの他はまったくできない。これまでとはまったく違う事態に直面させられて、どうすればいいのか、決定することができない。

これから生きていこうとしているあなた方には、やはり、開放的で大胆であることを身につけていただいて、今の大人たちとは違った臨機応変なフットワークを身につけて欲しいと思います。

ブレない価値を見つけ、自らの考えに忠実に生きる

考えてみると、日本人には当然のことでも外国人には通じないことは、かなりあります。

日本人はよく価値の多様化と言いますが、これもその一例です。国際シンポジウムなどで、日本人の出席者が「価値の多様化」と言うと、すぐさま欧米側の人たちから反発が起こるんです。

彼らは「価値に多様化はない」と言うんです。価値は多様ではなくてひとつだ、というわけです。

それは、まったくその通りです。価値というのはひとつだから価値があるわけで、多種あるのならそれは価値ではないというのは、論理的に正しい。

ヨーロッパでは、その価値とは何であろうかと三千年もの間探し求めてきたのですから、多様化などと言われると反発してしまうのです。

しかし、日本人が言おうとしているのは、別のことなんです。

それは、価値というものが多様なのではなくて、価値をどのように具体的に追求していくかということが多様なんだということです。

たとえば、今、グローバルとか何とかで、国際舞台に出ないと活躍できないとか、国際競争に勝たなければというようなことを言っていますが、私はそうは思わないんです。グローバルに、つまり国際的に活躍したい人はすればいい。でも、自分の故郷に帰って、そこで静かに生きたいんだというのなら、それはそれでいいと思うんです。

こういう意味ならば、価値は多様なんです。日本人は、おそらくその意味のことを言おうとしているのだと思います。

しかし、世界的に活躍することと田舎で暮らすことは、価値はひとつでして、多様ではありません。いかによく自らの考えに忠実に生きるかという点では、この二つはまるで違いがないからです。

ただし、価値の追求の方法としては、世界に出て行くことと故郷に戻ることとは違います。価値ということならばひとつだけれども、その価値をどのように表現していくかということになると、まさに多様なんです。

だから、勝つとか負けるとかいうことだって、人によって違ってくるのも当然でしょう。

例をサッカーに戻せば、サッカーのプロとしてワールドカップへ行って負けたのは敗者です。あの場合は、勝つことに価値があります。

しかし、サッカーが好きで、日曜日ごとに近所のサッカー場に行って球を蹴るのが一番楽しいという、そういう人にとっての価値は、プロの場合の価値とは別になる。

ただ、サッカーを好むということは、プロもアマも同じで、その点では同じ価値をもっているけれど、その追求の仕方が違うだけなんです。

グローバルな世界で仕事をするとは？

これは、お若いみなさんの場合にも言えます。

みなさんの年齢だと、将来自分は何をやりたいのかということは、具体的ではなくても、どのような感じのものがいいというぐらいのことはわかっていると思います。外国人と丁々発止でやるのは不得手だから、そういうことがない部門に行きたいと思うのなら、それはそれでいいんですよ。

今の日本は、みんな浮き足だっていて、何やらグローバルにやらなければ価値がないように言われていますが、そんなことはまったくないんです。

ただし、グローバルな世界で仕事をする人は、それなりに苦労も多いので、今よりはさらに厚遇されてもいいと思います。

一所懸命に苦労して外国人と張り合ってやってきた人を、今までの日本ではそれほど認めていなかったことは確かです。つまり、他のことと同じで、この面でも悪平等だったんですね。

外国人と一緒に食事をすることを、駐在員の間ではヨコメシって言うんです。「ヨコメシはいやだね」と言う人がいっぱいいます。それはそれなりに非常な苦労ですし、奥さんだって外国に行くのはいいけれど子どもの教育をどうしようかと、考えるだけでもたいへんなんです。

ですから、そういう苦労をする人には、それなりの報酬というか、報いが与えられるべきだと思います。尊敬でなくてもいいけれども、物質的な優遇はあってもいいのではないかと思います。

私の世界で言いますと、私がいかに調べて書こうが調べないで書こうが、一枚につきいくらと同じ額の原稿料が払われてきます。私だって書くのに調査を必要としないエッセイも書きますが、それも原稿料は同じなんです。

私の場合は世に言う自由業ですから、処遇がどうのこうのなんていうことは言いません。しかし、会社に勤める人について言えば、これからは処遇差というか、苦労する人にはそれなりの報酬は与えられてしかるべきと思います。

人々がみんな、全部一緒というのではなくて、ぼくはこれをやりたいからこれをやる。私はこれをやりたい。そういう形で仕事を選んでいって、その苦労に応じて適切な処遇があればいいんです。

女性だって、今は職業をもつのが当然のように言われていますが、何も女は職業をもたなきゃいけないなんていうことはない。

私など、職業をもって子育てするのがいかにたいへんか痛感していまして、今度、生まれ変わったら専業主婦になるって宣言しているくらいです。

プロとして立っていくということは、たいへんなことなんです。それはオフィスでの仕事も同じです。

いずれにせよ、グローバルでいくか、そうでなくいくか、あなた方の今のお齢ならば厳密に決める必要はありませんが、おおよその方向ぐらいは決められたら、そのほうが迷いや悩みに時間とエネルギーを取られることによる、弊害が少なくて済むと思いますよ。

意味のない受験勉強を追放する法

ぜひとも言っておきたいのは、受験についてです。

もしも、あなた方が私の息子や娘であったならば、私はあなたたちに受験勉強は一切やめさせます。

あなた方は受験というものに慣れていて、それ以外の選択肢をもたないでいるからわからないでやってきたのでしょうが、やはり、受験というのは弊害が大きい。自由な発想でも、芽のうちにつんでしまうのが受験のための勉強です。

でも、母親やあなた方に「やめなさい」と言ってみても、「周りの人がやるんだから」と言われればそれまでですね。

だから、私は受験勉強を追放するにはどうしたらいいかと考えたんです。それで、教育制度で解決するなんていう悠長な話じゃなくて、手っ取り早い、実に効果的な解決方法は何かと言えば、日本の官庁と日本を代表する企業が、大学の資格まで求めるのは構わないけれど、大学名を消したらどうかと。

そうなれば、どこの大学を出ているかということは問題にされないわけですから、受験戦争も緩和されるのではないか、と思うんです。

日本の大学生というのは、実際、勉強しません。だから、ほとんどの人が勉強するために大学を受験するわけではないのでしょうね。では、何のために大学へ行くのかと言うと、それは、優良な企業に就職するためです。そのために優良な大学へ向けて受験勉強をなさってらっしゃるのだと思います。

私は、二十一世紀には現代の優良な企業は斜陽産業になっているのではないかと思うのです。それはともかくとしても、優良な企業でも、官庁でもどこでもいい、それらが大学の資格は求めるけれども、入社試験の時に大学名は書かないようにするんです。そうすれば、大学受験に対する考え方も一変してくるのではないでしょうか。

それで、友人たちに、そういうことが行なわれているのかどうか、訊いてみたんです。

そうしたら、官庁は、東大偏重なんて言われていますから大学の名を消したくてしようがないらしいんです。で、一度それをやってみたのだそうです。ところが、その結果、かえって東大卒が多くなってしまった。東大卒でなくてもいい、という宣伝をしなかったからに過ぎないんですけれど、その事情を理解していない大臣に叱られたっていうんです。

一方、日本を代表する企業の人たちも、今はもう消す方向にいっているといいます。実際にはすでに消しているところも少なくありません。

ただ、ひとつ、ガンがある。何かと言うと、日本というのは、妙な人材が入社したりすると人事部長の責任になるということです。人事部長は責任を取りたくないものですから、その危険を避けるために無難な優良大学の卒業生を採っているのだと言うのです。

そういう問題もありますが、大勢としては、大学の名は消す方向に向かっていると言っていいと思います。

勉強も仕事もリズムが大事

みなさんが若い頭脳を硬化させてしまうくらいの過酷な受験勉強の末に優良とされる大学を卒業しても、これからはそれもたいした保証ではなくなるんです。

ならば、今、自分は断じて受験をやめて別なことをやるという人がいても大丈夫だと思うんです。

そんなことをすると、大学自体に入れなくなってしまう、と言う人がいるかもしれません。でも、それにはまた抜け道があるんです。

私がしたみたいにすればいいんですよ。大学の先生はいろいろなところで出張講義をしていますから、受験が易しい大学にもなかなかいい先生がいらっしゃいます。そこに行って徹底的に勉強して、それからその先生が正教授をしている大学の大学院に入るという手があります。

日本では、二十二歳とか二十三歳で社会に出る人が多いけれど、何もそんなに若い年齢で世の中に出なくてもいい。大学院でしっかり勉強したっていいんです。

ヨーロッパでは早くてもだいたい二十代の半ばです。ただ、ハイテク関係は特別に若い頭脳を必要とするので、これはもう大学の研究室と完全に密着していますから、そのままスムーズに企業などの研究室に行っちゃうというケースがあります。でも、日本は一般的に、社会に出るのが早過ぎるように思います。

それから、アメリカやヨーロッパの大学に行く方法もあります。今までは、日本の優良企業も官庁も、どうも外国の大学卒というのを避けているようでした。けれど、これからはそんなことは言ってはいられなくなります。

いずれにしても、今や、日本は、優良な企業に入ったからといって、まったく心配がないという状態ではなくなってきたんですね。あなた方のお父さまたちの世代は、一生保証されると思って優良企業入りを目指せた世代でした。終身雇用が確実な優良企業に入るために、優良な大学を目指したわけです。

でも、優良企業が大丈夫ではなくなってきている時代です。優良であることがはっきりしなくなってきています。とすれば、そのために優良な大学に入る苦労をする必要などないのではないか。現実的ではないとおっしゃるかもしれませんが、勇気を出して受験勉強について考えなおしてみるといいですね。

では、すでに大学に入っている方はどうすればよいのか。その人たちには、もうちょっと勉強なさることをすすめます。高校生には、私は、もう受験勉強する必要はないと言いますが、大学生は勉強する必要があると思います。ただし、それは大学で学ぶ水準の勉強です。

明らかに、日本の大学生は世界で最も勉強していません。今まではそれで済んだかもしれませんが、これからはそんなことでは通用しません。

勉強とか仕事というのは一種のリズムで、自分の体や頭をそれに慣らしていくことが大切なんです。ところが、日本の場合には、大学の四年間でそれが途切れてしまうんです。しかし、以前は、日本の企業は自分のところで育てますと言ってましたけれど、今や日本の企業にはそんな余裕はありません。

即戦力になる人材を求めてきます。また、一企業のカラーに染まるようでは「つぶし」がきかなくなって、かえってリストラの犠牲にもなりやすい。

つまり、変わりつつある時代、ないしは企業の求めに応えるには、しっかりと勉強をする他ないわけです。何年か前の先輩たちのようなやり方をしていたのではいけない、と考えてください。大切なのは、学校にも企業にも頼ることなく、自分をみがくことです。

母と子の関係が生き方の演習に！

最後になりますが、人間関係ということについて話させていただきます。これは私が息子にしつけたことのひとつなのですが、もし、ここにお母さまがいらしたら、後で娘さんや息子さんとお話になっていただきたいと思います。

では、どういうことをしつけたのかと言いますと、息子が私に口答えをするのを許さなかったんです。私でも言葉厳しく息子を叱ったりします。息子は当然のことむっときて口答えしたいところでしょうが、そういうことは一切許さなかった。

というのは、母子の関係というものは人間関係の源だと考えるからです。人間関係の源ですから、母子の関係がうまくいった人は後々社会に出ても人間関係に苦労しないんです。

母親に対してさえも、少しばかり遠慮する。怒鳴り出したくても、怒らないように努める。遠慮するということは、自分を抑えることですね。その抑える、つまりコントロールするということが必要で、それを人生のはじめに学ぶのが母親との関係なんです。

ですから、乱暴な口答えは絶対にしてはいけない。そうしないと、他の人に向かっても遠慮がなくなってしまう。そういうことなんです。

母親ならば息子からの暴言に我慢するかもしれません。しかし、他人は我慢してくれません。それで、私は我慢しない母親をずっと続けてきたんです、息子のために。

まずお帰りになったら、お母さまへの言葉遣いを少し変えてみてはいかがでしょう。

オール若者に告ぐ

ずいぶんと大上段に振りかぶった感じの表題だが、中身はぐっとくだけたものだから、安心して読んでください。

ここで対象にする「若者」は、十五歳から三十歳までとする。ほんとうは二十五歳くらいで切りたいのだが、どうもこの頃の若者は精神的な成長が以前よりはゆっくりと進むらしいので、三十歳までのばすことにしたのである。そして、「若者」に対する「オトナ」は、四十歳プラス・アルファの年代としよう。流行りの言葉を使えば、熟年世代にあたるということになる。

さて、この私だが、もうずいぶんも前から、確実にオトナの世代に属すことになってしまった。その私が、若い人たちについて思うことを書きつらねてみたい。まず……。

「若者」たるもの、「オトナ」が自分たちをわかり理解してくれるなどということを、絶対に期待してはいけない。

世代の断絶と、よく人は言う。そして、それを口にする人は、嘆きと絶望をこめて言うのが普通だ。だが、私にしてみれば、世代の断絶は、あってこそ当たり前で自然で、なかったとしたら、そのほうが気味悪くて不自然なのである。各世代に断絶があるからこそ、次の世代は新しいものを創り出せるのである。新しいものを創り出すエネルギーを、貯えることができるのである。

「オトナ」の中には、世代の断絶を埋めるために、若者と対話の場をつくるべきだ、と主張する人がいる。あれは、世代の断絶のメリットを理解できない者の言うことで、メリットを直視することのできる「若者」は、そんな軟弱な忠告にのってはいけない。堂々と、オトナとの世代の断絶を、味わい喰いつくすべきである。それをした「若者」だけがはじめて、凡百のオトナとは違った、自信をもてる何物かを獲得した、「オトナ」に成長することができるからである。

私が若者であった頃、若者に理解の手をさしのべたがるオトナを、気味悪いと思って眺めていたのを思い出す。その頃の私にとって、オトナは、挑戦の対象ではあっても、また打倒の対象であっても、決して、肩を組み合って共通の話題についてなごやかにお話しする、なんて仲ではなかった。そんなことを申し入れてきたオトナがいたとしたら、ああ気味が悪い、と言って逃げちゃっていたに違いない。

それよりも、若者などに手をさしのべることなど考えもせず、無視するか、それとも余裕をもって遠くから眺めるだけにとどめている「オトナ」に、非常な魅力を感じたものである。彼らの断固たる自信が、若い私を刺激しながらも、魅きつけずにはおかなかったからである。

ある時、ほんとうの「オトナ」の一人でもあったイタリアの映画監督フェッリーニが、こう言った。

「若者？　ボクが若い世代になぜ関心がないかって？　決まってるじゃない、ボクは、ボクなりの青春を充分に生きたんです。だから、それを過ぎた今でも今なりの生き方を充分に生きたいと思うので、他人の青春になんかかまっている暇はないんです」

こういう「オトナ」こそ、若者が冷静に客観的に観察し、よいところは盗み、盗むのは創造の源泉であるから堂々と盗み、そして、それを越えることを目指せるオトナなのである。フェッリーニのような芸術世界にかぎらず、職場でも学校でも、必ずや何人かこの種の「オトナ」がいるはずである。

若者に必要なのは、ほんとうの「オトナ」と、反対に理解の顔をしたがるつまらないオトナを、判別する能力である。「若者」の味方ぶるオトナは、断固無視が、彼らにふさわしい唯一の評価なのだから。

若者の味方ぶるオトナは、大別して、三つに分類できる。

第一は、商売上の都合で、つまり金もうけのために、若者にコビを売る人たち。

ヤング・フェア、ヤング・コーナー……その他の、コマーシャル上の若者一辺倒の裏は、すべて一万円札で張りめぐらされていると思って間違いない。

第二は、マスコミの世界で、雑誌や書籍や新聞やテレビの世界で、若者の味方ぶるオトナたちである。

これは、一見商売とはつながっていないように見えるが、実際は、デパートの売り場とまったく変わりはない。若者の味方ぶるほうが、彼や彼女たちの商売にとってより有利であると判断しての傾向だから、まったく変わりはないのである。第一の種類の「商売」に、この第二の「商売」が実に巧みに組み合わされている事実が、それを証明している。

第三は、心から若者の味方であることを望み、理解者であることもまた、心底から信じているオトナたちである。この種の人々は、自分たちの行為の必要性と正当性を確信しているから、もちろんのこと「商売」につながるなどとは思ってもいないし、関心もない。それゆえ、自分たちの示す理解が、若者の成長に欠くべからざるものという確信によって、動くオトナたちである。

この種のオトナは、実は、第一や第二よりも、格段に始末が悪いのだ。なぜなら、第一と第二のオトナたちだと、商売でやっているのだから、当然のことながら、流行りスタリに敏感である。若者の味方ぶることが流行っている時期はそれぶるが、スタリはじめるや、若者にソッポを向くなど、良心に何のかしゃくも感ぜずにやってのける。それがために、「若者」にとって、ほんとうの「オトナ」とつまらないオトナを判別するのが容易だから、問題はないのである。

ところが、第三種のオトナは、確信犯だけに、判別もめんどうなことになる。スパイだって、金もうけと確信犯では、絶対に確信犯のほうが捜査がむずかしいではないか。

しかも、確信犯だけに、流行にとらわれない。誠心誠意、若者の味方ぶりつづける。

しかし、用心しなければならないのがこの種のオトナであって、ために、若者たるもの、世代の断絶こそ双方の利益と考え、この種のほんとうにつまらないオトナも、断固、排除するにこしたことはない。彼らにチヤホヤされていい気になっているうちに三十歳になったというのでは、「若者」のコケンにかかわるではないか。

では、世代は断絶してこそ互いに実りあるものだから、「オトナ」との対話はしなくてもよいかというと、やり方次第では、やったほうがよいのである。やり方とは、対話ではなく、対決ならばたいへんにけっこう、という意味である。

ただし、対決は、同じ土俵上で行なわれてこそ意味があり、有益になることを忘れてはいけない。同じ土俵上とは、世代を越えて共通するものを、武器とすべきということである。

それは、多分、感性的なものでなく、理性的なものだと、私は思う。なぜなら、感性は個人個人のものであるがために、自らの属す世代に左右されやすいものであり、若者には、若者の、オトナにはオトナの、感性があるはずだからだ。これが共通する場合もあるが、それは、世代間の共通というよりも、個々の人間同士の共通に求めるほうが、自然でもあり、実り多い求め方ではないかと思う。

残るは、だから、理性的なるものしかない。世代間の対決は、堂々と、論理の対決で行なわれて欲しいのだ。

ある雑誌で、ある一人の有能な若者が、オトナたちに挑戦している文章を読んだことがある。なかなか面白く、私も、ようやく同じ土俵上で対等に立ち向かう若者があらわれたかと喜んで読み進んでいたのだが、途中である一行に突きあたった時、がっかりしてしまった。そこには次のように書いてあったのだ。

「そういうことは、〇〇のように腹のつき出たオジンの世代のいうことであって……」

まずもって、〇〇氏は、オジンではあろうが、腹なんてつき出ていない。実にスマートな、ステキなオトナである。しかし、もしも仮に腹のつき出た人であったとしても、こういう言い方は、品位を汚す。読むほうは書き手の品のなさにイヤ気がさしてしまい、もう先を読み進む気にもならなくなる。

私は、老いは誰にでもいつかはやって来るのだから、二十年したら自分の身に起こることも忘れ、さも若者の特権のごとく肉体的優位を振りまわすのは、いけないと言っているのではない。これは、若いＯＬがハイミスを軽蔑するのと同じで、軽蔑するほうがかえって軽蔑されることになるから、武器として有効でないと言っているだけである。

対決は、たいへんにけっこうで、それをやらなければ両世代とも真の充実は期待できないほど大切なのだが、やるからには堂々と、各世代とももつ唯一の武器、理性と論理を駆使して対決すべきであろう。それ以外の武器を使うのは、勝負としても汚いし、まずもって、同じ土俵上で対決することを拒否して、勝手に土俵から降りてしまうことと同じである。こういう場合、スポーツならば、不戦敗といえども敗けなのだ。

男でも女でも、くさって悪臭しか発しないような、感情的な対立はやめたらどうであろう。理性的な方法で「対決」することこそ、世代の断絶をほんとうの意味でなくす、唯一の方策だと信ずる。

若者たちよ、男女を問わず、真の意味でラディカルになって欲しいのです。われわれ「オトナ」も、強力な敵を、心底では待ち望んでいるのだから。

母と読書と好奇心

私の両親は大正デモクラシーの世代で、私がまだ子どもの頃、母はお風呂で私のからだを洗ってくれながら、「耳の後ろまでちゃんと洗いなさい」ではなく、「男の人にキスをされたら困るでしょう。だから、きちんと洗っておきなさい」って言う女でした。たぶん私は小学生だったと思いますが、成長してからというもの、男の人って耳の後ろにそっとキスするものであろうと思い込んでいたんです。ところが、なかなかそうではなくて、一時期ちょっと悩んだくらい。

自分も学校の先生だったくせに、娘が悪い点数を取ってても「先生なんて平凡。その平凡からほめられてもしようがないでしょ」なんて言う母でしたから、一度も女だからといって窮屈な思いをしたことがありません。いや、窮屈な思いは、娘時代の日本にちょっと感じたのかもしれません。なぜなら、両親からは「相手の目を見てきちんと話せ」というしつけを受けているのに、当時の日本では伏目がちに話す女の子のほうが、男の子たちの間では人気がありました。でも、ヨーロッパへ行ったら、目を見てきちんと話すほうがよくてほっとしましたけれど。

私は、日本の優秀な女の方の最大の欠点は、すべての男たちに女らしく思われたいというところにあると思っています。だから、ある席で「すべての男たちに思われたって、その人たち全員を恋人にするわけにいかないのだから、恋人にしたい男だけが思ってくれればいいんじゃないの」、とこう言って物議をかもしたことがあるんです。

それから、フェミニストの列席する中で、われわれ女の独立は、女の人がこのようなことを職業として続けていかれる間はダメです、って言ったんです。同じ仕事をしていながら男より待遇や給料が低いとか、そういうことは是正しなければならないと思います。けれども、女であることがマイナスであるとか被害者であるというのには同意できないんです。被害者であると思っているかぎり、われわれはずーっと被害者であり続けることになるのですから。

われわれ女たちは仕事について言えば、男の〝後続〟ですよね。そこで、できる女の方たちは男と同じ仕事をせよと言われ、そのようにしがちですが、そうするといつまでも男の後をついていくことしかできないんじゃないかと思うんです。私は、マイナス面があるところには必ずプラス面があると思っています。だから、社会的地位や評価の面で冷遇を受けている女の人たちが、そのマイナス面ばかりを考えていては先に進めない。女にも男以上の仕事ができるというプラス面があるのではないか、と思うようになって、今でははっきりとそう言えます。そして、私自身、男を越えた仕事をしているという自負をもっています。

私の離婚した夫は、シチリアの旧家の生まれでローマ育ち、教養豊かな医者でした。結婚するかどうかという時、私にはケンブリッジ大卒のイギリス人の恋人もいました。そこで、どっちを取るか。その頃、私はちょうど「ルネサンスの女たち」を書きはじめていて、そういう私に何が必要かと考えたんです。イギリス人の彼も、私と同じように、非常に地中海文明に憧れていました。しかし、一方の、後に息子の父親になる男は、地中海文明というものを血管の中を通る血のように、ごく自然な状態でもっていました。そこで、学ぶなら、こちらだと。私は地中海文明に対してはしつこいんですね。十六歳から関心をもちはじめて、まあ、もう五十年？　五十六年……。その、光と影がはっきりとしているところに魅かれ続けて、勉強しては書いてきました。

だからといって、それを書きたいという意欲など最初はまったくなくて、偶然にローマで出会った編集者に「書いてみませんか」と言われて書くことになったわけです。たった一人の人にすすめられて書き、二作目も、別の出版社でしたが、たった一人が支持してくれて本になりました。選考会議にかけられていたら、きっと落ちていたでしょう。

あなたにとって師匠は誰かと聞かれた時、私は、私が書いた男たち全員と答えます。一作書くごとに世界が広がっていき、私が育っていくのです。私は学者ではありません。学者の方たちが自分の知っていることを書いたり話したりするのに対して、私の場合は私が知りたいことを書く、ただそれだけ。その本を性別も年代も職業も関係なく、いろいろな方が読んでくださっていますが、ただひとつ共通点は、自分がいる世界の外に少しでも好奇心のある人、ですね。その日本の読者の前に、私は昔の西洋の男たちを生かして見せたい。生きているように見えるためには私が勉強しなければなりません。勉強が少しずつ進むと、はじめのうちはぼんやりしていたのがだんだんと見えてきて、ようやく書きはじめられる。もちろん、書くことに責任をもたなければならないし、独善であってはなりませんから、追跡調査は充分にします。

私は私独自の世界観や歴史観を示したくて書いているわけではありません。わかりたいことを素人に徹して書いているだけですが、ただ、私は大学で哲学を学びました。哲学が求める重要なことは二つだと言っていいでしょう。ひとつは曇らない目で観察する。二つ目は考える。そのために私は勉強します。もし、これから哲学を学ぼうとおっしゃるのなら、一番いいもの、また読みやすく面白いものとして、私はプラトンの全集をすすめます。田中美知太郎先生が素晴らしい日本語に訳していらっしゃいます。くれぐれも哲学とは何か、なんて本はお読みにならないほうがよくて、それを読むと、かえって哲学から離れてしまいます。

ある時、書きはじめてまもない頃でしたが、評論家に「君の書くものは従来の概念の中に入らないから賞に入りにくい」と言われたことがあります。その時、私は生意気にも、心の中でですよ(笑)、「多くの賞の圏内に入らないのなら、それらの賞が少しばかり範囲を広げれば、多くの賞だってもらえちゃうんだ」、そう考えたんですね。

同じ頃、司馬遼太郎さんは、「日本には歴史研究か歴史小説しかない。君はその中間を行こうとしている、だからたいへんなんだ」と、おっしゃいました。ヨーロッパには歴史エッセイと言われる分野があります。日本ではエッセイというと身辺雑記のように思われていますが、ほんとうはそうじゃないんです。勉強した結果を小説ではなく、学術論文でもないものに書く。それが歴史エッセイです。賞の選考で悩まれ、本屋さんも並べる棚に悩んだという私の本ですが、読者と私はそんなことに関心などなかったと思います。

思うに、読書というものは習慣だと思います。どこに行くのでも、文庫本を一冊もっていることが私の習慣です。不可思議なことに、どこに出かけても、時々妙な時間の空白があるんですね。その時に読むために常にもっているんです。これが、まずひとつ。それから、夜眠る前に三十分とか一時間、たいていそれ以上にはなりませんが、必ず雑誌か何かを読みます。

本というのは、大きくもない媒体なのに、お金もたいしたことないものなのに、すさまじい量の情報が入っています。それに比べて、映画(テレビやマンガも)は、活字ほどの情報を入れられないから、いわば単純化、簡略化せざるを得ないのです。加えて、本は自分次第、つまり主導権をもって使えるという利点もある。

とはいえ、本には本のよさが、映画には映画のよさがあります。私は両親から、書物と映画は同格、という感じで育てられました。息子にも同じ教育を与えましたから、彼も映画に親しんで育ちました。そこで、映画を巡る二人の話を、私が彼から聞き出す形でまとめた本が『ローマで語る』です。私がはじめて母親として話をしている本、一回かぎりのね。子どもとのおしゃべりは、身近に若い世代を知ることのできる機会で、刺激剤です。

年齢を重ねれば体力が衰えるのは当り前です。しかし、この自分の頭の中で、アンテナ（好奇心）は決して錆びさせない。筋肉や頭脳と同じで好奇心も訓練しなければ衰えます。それは、まずもって、あら面白いわねって思うだけでいいんです。決して、ためになるとか何とかそんなことはいらなくて、ほんとうに面白いと思って、まだ知らなかったわって気分がよくなれば人生は素敵。

本でも映画でも、ためになるっていうことだけは考えないほうがよい。もうひとつ、やめて欲しいのが〝泣ける〟という言葉。ほんとうに深刻な話なら涙さえも出ないことは大人なら知っています。泣ける映画だからと言われて自分も泣くなんてことはやめましょう。

初出一覧

「これから人生を歩むあなたへ」——「塩野七生講演会『二十一世紀にどう入っていくか』（一九九八年、協和発酵工業株式会社）改題

「オール若者に告ぐ」——『花椿』（一九八五年一月号、資生堂）、『男たちへ』（単行本、一九八九年一月／文庫、一九九三年二月、文藝春秋）

「母と読書と好奇心」——『いきいき』「塩野七生さんへの3つの質問」（二〇一〇年二月号、いきいき株式会社）改題

塩野七生（しおの・ななみ）
1937年7月、東京都生まれ。東京都立日比谷高等学校、学習院大学文学部哲学科卒業。1963年からイタリアへ遊学。1968年に帰国、執筆活動を開始。1969年、『ルネサンスの女たち』。1970年、『チェーザレ・ボルジアあるいは優雅なる冷酷』で毎日出版文化賞を受賞。同年よりイタリアへ在住。1975年、『愛の年代記』。1981年、『海の都の物語　ヴェネツィア共和国の一千年』でサントリー学芸賞。1982年、菊池寛賞。1988年、『わが友マキアヴェッリ フィレンツェ存亡』で女流文学賞。1999年、司馬遼太郎賞。2002年、イタリア政府より共和国功労勲章（グランデ・ウッフィチャーレ章）を授与される。2006年、「ローマ人の物語」シリーズ全15巻完結。2007年、文化功労者に選ばれる。2008-2009年、『ローマ亡き後の地中海世界』（上・下）、2009年、『ローマで語る』（アントニオ・シモーネとの共著）、2010年、『日本人へ 国家と歴史篇』『日本人へ リーダー篇』。2011年、「十字軍物語」シリーズ全4巻完結。2013年、『皇帝フリードリッヒ二世の生涯』（上・下）刊行。2017年、「ギリシア人の物語」シリーズ全3巻完結。

生き方の演習—若者たちへ—

2010年10月 1 日　初版第1刷発行
2018年 3 月15日　初版第3刷発行

著　者　　塩野七生
発行者　　原　雅久
発行所　　朝日出版社
　　　　　東京都千代田区西神田3-3-5
　　　　　〒101-0065　電話03-3263-3321
印刷・製本　大日本印刷株式会社
編集担当：仁藤輝夫　校正：中島海伸

ISBN978-4-255-00548-5